AF620037

ALESSIA MARTINIS

PEZZO A PEZZO

COLLANA IRDA

Lulu Press
3101 Hillsborough St.
Raleigh, NC 27607 | U.S.A.
ISBN: 978-1-326-61638-0
Info: www.irdaedizioni.it

Copertina: realizzata da Cristian Verdesca
Direttore editoriale: Francesco Luca Santo

Prefazione

Ah poesia, tremenda compagna, che sei abbarbicata alla mia vita come polvere e come polvere voli via col vento lasciandomi solo l'inquietudine tra le mani, vibri nel ventre e ti dimeni ma non sei altro che dolore, miserabile-amabile dolore... così una volta scriveva un uomo che voleva diventare poeta prima di accorgersi che in fondo il dono della poesia non è altro che un fardello pesante da portare per anestetizzare il dolore che scorre nelle vene senza riuscire a rimarginare mai alcuna ferita. È proprio questo stato di impotenza e di indescrivibile passione emerge dai versi della poetessa Alessia Martinis.

In maniera del tutto viscerale, l'autrice, ci porta lontano nei meandri dell'anima, in quei luoghi oscuri che si nascondono dentro di noi in attesa di essere scoperti. Alessia è un'anima lieve e profonda, è l'incontro tra l'amore e la disillusione, tra il destino e la razionalità. Nell'opera è marcata l'esigenza dell'evasione, evasione dalla realtà e dall'ipocrisia del mondo ancorato ad una pietra d'argilla fatta soltanto di effimere certezze, di false speranze e di solide paure. Così la coscienza prende il sopravvento, si spoglia e si libera di ogni peso, di ogni finta sacralità materialista per correre incontro a qualcosa di diverso, a qualcosa di più vero e forse di irrazionale in una società in cui l'irrazionalità è cardine inamovibile della routine.

L'anima si fa grande come vento e come esso urla tutto il proprio dolore, la propria indignazione e la propria voglia di rivincita. Non si può essere solo delle belle maschere dal finto sorriso e nascondere i tarli dietro uno sguardo senza speranza. Si può al contrario essere veri e capaci di vivere senza troppe pretese, senza troppe ansie ed incomprensioni. Si può venir fuori dal guscio lasciandosi abbracciare dai caldi raggi del sole oppure farsi ipnotizzare dalla furia di un mare in tempesta e sentirsi libera rondine in un cielo meno tetro e inquietante trovando il senso della vita nel sentimento primordiale che è di ogni essere umano: l'amore!

La poetessa Alessia Martinis ci offre un'opera senza restrizioni, senza falsa morale, un'opera scritta con il cuore in mano e con la voglia di vivere la vita senza freni e senza paure...

Francesco Luca Santo

Come non cadere in ginocchio davanti l'altare della certezza

Umberto Eco

ALESSIA MARTINIS

PEZZO A PEZZO

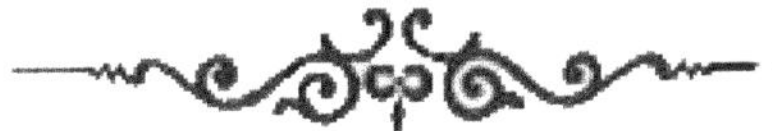

MI HAI UCCISO

Spara.
Mira al cervello,
e in un solo colpo
smetterò di pensare a te.
Trapassami le membra:
ho sopportato dolori peggiori
quando fin nelle viscere
riecheggiava il tuo rifiuto,
ma non ferirmi al petto
perché sono debole di cuore.

ESTATE

Non è estate
per quella sposa bambina
avvolta in veli di trina,
e lacrime salate.

Murata in casa
da un uomo non amato,
piange il futuro bruciato
e le speranze ingannate.

E la vita si consuma
di istanti in solitudine
che il destino le ha assegnato,
nata sotto una nefasta luna.

SOPRAVVIVO AI DOLORI

Tutti i dolori che ho murato in me
e le lacrime che ho sepolto
sono tombe ancora calde.
Non ho ali di cigno
per sorvolare le sofferenze,
ma quelle di un coleottero
che si dibatte nel fango
e sopravvive con ostinazione
al marciume quotidiano.

VITA

Che sia drappo argenteo
o tailleur da funerale
che vesta troppo stretta
da crearmi imbarazzo
o così larga
da nascondere agli altri
le mie forme interiori
è l'unico abito che indosso
giorno dopo giorno,
senza averlo prima provato.

LA VITA È GIÀ MORTA

*U*na bambina già vecchia
dalle vesti stracciate,
con gli occhi azzurri
attorniati da rughe,
una meretrice
che nasconde vermi
sotto le sottane,
con le cosce putride
e il respiro di alcool,
una foglia secca tatuata
su una scapola incavata,
come un livido
che non si cancella,
ecco come giungi a me,
vita che sfuggi
e mi lasci dimenare
nel dolore.

LIBERTÀ

Non sono eburnea colonna
né marmo scolpito d’artista
ma dal vento ho preso forma
per plasmare la mia vita.

Il mio volo è una danza
sul mare in tempesta:
mi guida la speranza
tra ondosi dolori, di cresta in cresta.

Non cerco acque tranquille
né porti noti e sicuri
ma nuoto tra le anguille
sul fondo di abissi oscuri.

La libertà ha i colori dell’orizzonte,
ha l’odore del fuoco e della pioggia
ha il sapore salato di sudore sulla fronte,
è la risacca che incontra la spiaggia.

PREGHIERA DI RABBIA

Oceani di rabbia
per vite sommerse
che annegano nell'indifferenza
di sguardi negati.

Non posso salvare la terra intera
dall'erosione del mare
ma solo qualche zolla
a cui donare speranza.

Quale sia la sorte delle anime pure
il mio cuore spezzato non lo sa
ma continuo a pregare
che il dolore risparmi le loro sorti.

INESORABILE

Raccolgo gocce di felicità
al ricordo dei tuoi lineamenti
prima che la morte
li privasse di quell'aura
che illuminava i tuoi occhi.

Il tempo non si preoccupa
se le rose appassiscono
per prepararsi all'inverno
né se i muscoli si irrigidiscono
fino a perdere il guizzo di vita,
ma è la misura delle nostre sventure,
guardiano posto fino a sentenza di morte.

Se solo avessi potuto supplicare
che cinque dei miei anni futuri
ti fossero stati donati,
nessun istante ne sarebbe stato sprecato.
Ma ora l'erba sussurra ancora
le impronte dei tuoi passi,
e le tue corse tra i fiori
si rinnovano ogni giorno
nelle mie lacrime.

VERITÀ SFACCETTATE

Beviamo i sogni dal cielo
e tendiamo la mano
a stelle troppo alte,
alla ricerca di verità
che sono solo opinioni.
Seguiamo le nostre convinzioni
senza sapere se siano
giuste davvero.

TUTTO È GIÀ SCRITTO

È scritto nel sangue e nelle ossa,
soave marchio di dannazione,
che la morte ci attende,
come liberazione o condanna,
a seconda di quanto
il nostro spirito sia avvezzo
a sopportare il dolore
degli anni che passano.
È tatuato sulla pelle che avvizzisce
il nostro destino,
che invano nascondiamo
sotto veli di ipocrita cipria.

IL COSTO DELLA VITA

Non avevo niente quando venni al mondo
e con niente me ne andrò.
La vita mi ha consumato per intero
e solo la morte
è disposta ad accogliermi
senza che la debba pagare.

INNOCENZA PERDUTA

I bambini sono lo specchio
di un mondo che cambia in fretta,
che abbraccia fucili
e alza muri
invece di arrendersi
di fronte alla forza
di una carezza.
E nemmeno le bambole
sono più un gioco innocente
quando possono venir stuprate
da un Ken troppo audace.

OSPEDALE

Non ho più lacrime.
L'acre odore dell'ansia
accompagna i miei giorni.
Cigolano porte, suonano allarmi,
passi irrompono nella mia attesa.
Tutto questo bianco
non è luce,
ma asettico dolore
che gocciola nella flebo.

RAMINGO

Ramingo sotto una dimora di stelle,
chiedo asilo al cielo.
Ho così tanto pregato, amato e sofferto,
che il cuore mi è esploso in petto.
I miei passi nel fango
non erano un destino di salvezza
ma l'ostinazione
del mio respiro tenace.

FOLLE

Vorrei dare di matto,
ballare fino all'alba
al suono del blues,
urlare lo scroscio della vita
nelle vene,
ma non ho più voce.
La muta rassegnazione
si accompagna
al ritmo sghembo della solitudine.

INVERNO

È finito il tempo
dei baci di ciliegia
e delle promesse
dal profumo di fiori di pesco.
Troppo tardi ha cantato il gallo
che una coltre di neve
ha già sepolto i ricordi.
Lo sento nelle ossa
che l'inverno è arrivato.

RASSEGNAZIONE

Ogni piccolo giorno
muore l'incanto
di un bacio,
nella ripetitiva quotidianità
di un gesto scontato.

Quanti istanti sparsi
di un amore in cenere
si insinuano tra i ricordi
della passione passata,
a memento che l'inverno
è calato nei nostri cuori ipocriti.

L'indifferenza è scivolata
nei nostri abbracci
di consuetudine,
consumati tra i silenzi
di notti troppo lunghe,
in cui vorremmo essere altrove.

AUTUNNO

Dolce settembre di foglie caduche,
ho affidato al vento
origami di sogni.

INVIDIA

Sarò la barca
che scivola tra fiumi
di parole invidiose.

NOTTE

Non mi nascondo
allo sguardo della notte:
silenziosa solitudine.

UOMINI

Siamo barattoli abbandonati
sullo scaffale della vita,
etichettati dall'apparenza
e riempiti di illusioni.

CANCELLO DI FERRO

Immobile custode di ferro,
ornato d'edera e ruggine,
che celi alla vista la vergogna
dello sfarzo caduto in rovina,
e ti ergi a protettore
della memoria disonorata
da crepe e polvere,
perdona la curiosità
del mio occhio fugace
che sbircia tra le tue fessure.

IRREALIZZABILE

Credo nei sogni
che non si realizzano,
al gusto di caffè amaro
e solitudine,
consumati al bar all'angolo,
con spreco d'inchiostro
su scontrini stropicciati.

TEMPORALE

Nubi dense,
foriere di pioggia,
accarezzano le tegole e l'erba
in egual misura,
impietose come la morte.
Il cerchio della vita
inizia dall'acqua,
finisce nella terra.

IL PIANOFORTE

A volte mi domando,
contro cosa sto combattendo?
Il silenzio ha più incanto
di note gettate sulla tastiera,
mentre pensi a lei, ogni sera.
Sono stanca di essere
la sinfonia stonata
per pianoforti sbilenchi,
ormai rassegnata
a non essere più suonata.

SETTEMBRE

Malinconico settembre
di amori maturi
come grappoli d'uva,
e di tempi insicuri
tra sprazzi di sole
e giorni più scuri.
Le passioni si spengono
come foglie accartocciate
su rami scheletrici
e si accorciano le giornate,
meretrici sfiancate
da dolorosi affari.
Sono qui,
incastrata nell'attimo immobile
in attesa del tuo ritorno.

PERCHÉ LEI?

Era buio
quando sei rientrato;
ti sei infilato
di soppiatto nel letto.
"Perché lei?"
ma hai negato,
hai chiuso gli occhi
e non hai più parlato.
Ho sospirato:
è così semplice
abbracciare cuscini umidi
d'infelicità.

TRADITORE

Vorrei essere il tarlo
che si insinua nei pensieri
che ti fanno arrossire,
per conoscere
i tuoi sentimenti sinceri,
ma il mio cuore
coperto di lividi
è solo lo specchio
della tua coscienza
macchiata dall'indecenza
di un tradimento.

TRADIMENTO

Tende verdi
come la speranza,
non avete ben nascosto
la circostanza
del bacio tra amante e marito;
il sogno delle nozze di diamante
sconfitto da due ombre
e una lampadina:
sono stata ingenua bambina
a essermi fidata di te.

INVERNO

Crepita il fuoco del camino
dove brucia la sterpaglia,
mi siedo sul divano, lì vicino,
e mi stringo nella maglia.
Fioccano i ricordi del passato
come neve che imbianca il campo,
tu non sei più tornato
e col tempo hai dimenticato.
Una dolce condanna
è la memoria
che blandisce, illude e inganna,
ma già da un anno, è finita la nostra storia.

SOGNI

Sogni e sangue
scorrono nelle mie vene:
sono fatta di carne e illusioni,
ma i nervi non cedono
e il cuore continua imperterrito
a pompare speranza;
finché ci sarà il respiro,
la vita può cambiare.

LA LIBELLULA

Volevo nascere rondine,
ma sono libellula
dalle ali troppo fragili
per solcare il cielo.
L'irraggiungibile orizzonte
si specchia nel mio stagno.

VUOTO D'AMORE

Scorre la penna su pagine bianche,
ghirigori d'inchiostro,
espressione di emozioni stanche,
di un mondo che non è più il nostro.
Riempiamo il vuoto coi disegni,
decoriamo l'anima di sogni
e impregniamo il silenzio di sussurri
per non sentirci soli,
ma siamo distanti come stelle.

NON MI AMI

Vorrei che mi tenessi tra le braccia
come una bambola di porcellana
dalle labbra rosse, la bianca sottana
e dai folti ricci di capriccio.
Ma l'amore è un miraggio
che punge e duole,
se appaio più come scarafaggio
che si arrabatta sotto le tue suole.

TESTAMENTO DEL BOSCO

*U*mido bosco dall'odore di funghi
che punge le narici,
dove ho trascorso i giorni più felici
di autunni piovosi e lunghi,
che sia tra le tue radici la mia bara,
nascosta sotto foglie ingiallite
e protetta da corteccia amara,
ricordo di giornate ormai finite.

PIOPPI

Pioppi allineati,
soldati d'autunno
che combattono il vento.

CANE

Muso di cane
che si accoccola
nell'incavo del gomito:
la felicità è nei piccoli gesti.

ODE AI VENTI

Dolce vento d'oriente
che sibili lungo le vie
e scompigli i capelli di eleganti signore,
al tuo passaggio si spande
l'odore di mare e giornali
freschi di stampa.

Malinconico vento d'ottobre
che ti insinui nelle vie del paese
e ricopri le tombe di foglie ingiallite,
oscillano le insegne e le ghirlande d'uva
alla tua triste carezza.

Tremenda bora,
che spazzi le radure del Carso
e sollevi sterpaglie di sommacco,
l'inverno è nel tuo gelido abbraccio.

IL TOCCO DI UN ANGELO

Ero perduto sulla via di Damasco,
nel mio paradiso solitario
di vino, fumo e amore take away;
all'angolo della strada,
onoravo la mia fede,
consumando in fretta
un bacio usa e getta
che non sapeva di passione
ma aveva l'alito di sigaretta
e addosso un profumo di frittura,
quando un angelo ha bussato
alla porta del mio cuore,
con il calore nel suo sorriso
e sulle labbra dolci parole.
Allora ho creduto davvero
di poter costruire
il nostro piccolo Eden
per i giorni a venire,
ma gli angeli indossano ali
per volare in cieli troppo alti
per i comuni mortali,
perché in verità vi dico,
non si può mescolare

sacro e profano,
neanche se delle mie colpe
ora sono pentito.

ESISTENZA

Esisto, eppure non ne comprendo il motivo.
L'ho chiesto alla ragione
ma è rimasta muta,
allora mi sono rivolto alla religione
che ha parlato per dogmi e assolute verità.
Siamo solo atomi
imbellettati da reazioni chimiche,
e poi, cos'altro?
Anime erranti nei giardini dell'infinito.

Finito di stampare
Nel mese di Giugno 2016

Lulu Press
3101 Hillsborough St.
Raleigh, NC 27607 | U.S.A.

www.ingramcontent.com/pod-product-compliance
Ingram Content Group UK Ltd.
Pitfield, Milton Keynes, MK11 3LW, UK
UKHW020231250726
13967UKWH00001B/307